AF479443

RÉPONSE
D'UN ÉLECTEUR

À

UN ANCIEN CONSTITUANT

PAR

A. GAULIER

PRIX : UN franc

PARIS

ARMAND LE CHEVALIER, ÉDITEUR

61, RUE DE RICHELIEU, 61

1869

RÉPONSE

D'UN ÉLECTEUR A UN ANCIEN CONSTITUANT.

Pourquoi donc restez-vous masqué, monsieur l'ancien constituant? Est-ce que, signées de votre nom, vos consultations politiques perdraient de leur autorité ? Est-ce que quelque discours, quelque profession de foi républicaine pourrait être opposée à vos conseils d'aujourd'hui? Est-ce que, pour un homme de qui l'on réclame, « *comme une direction de conscience,* » vous craignez d'avoir trop prestement renié le lendemain ce que vous adoriez la veille ?

Qu'à cela ne tienne et ne vous condamnez pas, pour si peu, à un effacement trop modeste. D'illustres exemples vous couvrent, s'ils ne vous excusent pas.

Si ardent, si prompt que vous ayez pu être à saluer la révolution de Février, vous l'avez été moins que M. Baroche, ce fier précurseur de la justice du peuple. Quelque passion républicaine que vous ayez pu montrer, votre enthousiasme n'a pas dépassé l'enthousiasme de M. Dumiral qui ne voyait en dehors de la République, « que des impossibilités, des malheurs ou des crimes, » ni celui de M. Rouher, son compatriote, se déclarant convaincu « que la

République pouvait seule faire le bonheur de son pays. » Enfin, quelque chaleureuse qu'ait pu être votre adhésion au régime de 1848, elle n'était, à coup sûr, ni plus accentuée ni plus explicite que celle-ci, formulée, par l'un de vos collègues, dans les termes suivants :

« Après trente-trois années de proscription et d'exil, je retrouve enfin ma patrie et tous mes droits de citoyen! La République m'a fait ce bonheur, QUE LA RÉPUBLIQUE REÇOIVE MON SERMENT DE RECONNAISSANCE, MON SERMENT DE DÉVOUEMENT. »

Eh ! bien, est-ce que le citoyen L. Napoléon Bonaparte qui prononçait ces paroles le 27 novembre 1848 et qui est aujourd'hui l'Empereur Napoléon III, est-ce que M. Rouher, devenu ministre d'État, est-ce que M. Baroche, toujours occupé à devancer la justice, mais celle des tribunaux et non plus celle du peuple, est-ce que M. Dumiral, devenu Du Miral, est-ce que tant d'autres personnages également honorables, se croient obligés d'abriter, sous le voile de l'anonyme, l'expression de leurs opinions revues et corrigées ?

Allez donc! monsieur le constituant; déposez un masque inutile ! et, sans fausse honte, livrez-vous, puisqu'on vous en prie, « à la direction des consciences. » Entre temps, vous nous direz, pour égayer la scène, combien de fois dans la journée du 4 mai, vous avez crié : Vive la République ! Car vous avez crié, vous ne le sauriez nier ; l'un de vos collègues, M. Démosthène Olivier, a constaté, pour l'histoire, que l'acclamation de la République avait été unanime, et quelques-uns l'ont répétée dix-sept fois !

Qui saura jamais, monsieur le directeur de conscience, à quel chiffre vous vous êtes arrêté ?

Mais qu'importe que vous ne vous nommiez point, mystérieux conseiller des électeurs naïfs, puisque M. Rouher, un ancien constituant lui aussi, vient de réciter votre brochure, dans son improvisation en réponse au discours de M. Thiers. Par l'organe de son principal ministre, le gouvernement s'est approprié et a prononcé lui-même ce lourd panégyrique : en vous répondant, c'est à lui que nous allons répondre.

Tous les gouvernements se sont proposé de faire le bien ; c'est vous qui le dites, monsieur le constituant, et vous êtes assez bon prince pour ajouter: *même la République.* En vérité, on ne saurait être plus charmant pour un gouvernement dont on a été le parrain !

Mais, conciliant sur le chapitre des intentions, vous êtes intraitable sur celui des résultats obtenus; et vous déclarez carrément que le second empire, seul, a fait de la bonne besogne. « Pendant soixante-cinq ans, dites-vous, la France n'a point connu le repos. » Ah ! bah ! permettez-moi alors de vous remercier de ce compliment adressé au premier empire comme, tout à l'heure, je vous ai remercié au nom de la République. Mais comment vous mettrez-vous d'accord avec l'auteur de la proclamation du 2 décembre 1851 déclarant, que « au commencement de ce siècle, les institutions créées par le premier Consul ont déjà donné à la France la prospérité et le repos? » Comment vous mettrez-vous d'accord avec le préambule de la Constitution, affirmant également qu'à la même époque, « la France s'est élevée au plus haut degré de prospérité et de grandeur? » Enfin, c'est votre affaire, et ce n'est pas là-dessus que je vous chicanerai.

J'aurais certainement mauvaise grâce, alors que

vous faites si bon marché du premier empire, à défendre, contre vous, la Restauration et le gouvernement de Juillet. Et, cependant, avouez qu'il est assez plaisant de soutenir que de 1815 à 1830 la prospérité de la France ne s'est point accrue ; que de 1830 à 1848 il en a été de même et que, pendant ces deux périodes, la France n'a point connu le repos. Mais vous n'avez donc jamais fait le compte de l'effroyable héritage recueilli par la Restauration ? Vous n'avez donc jamais interrogé vos souvenirs de jeunesse, monsieur le constituant, pour faire la comparaison entre le point de départ et le point d'arrivée, entre la France humiliée, méconnue, décimée, appauvrie, laissée par le premier Empire, et la France souveraine par ses idées, aimée pour son génie, la France riche et prospère que trente-cinq années de gouvernement libre avaient faite et que le second Empire a trouvée ?

Et la République *elle-même*, comme vous dites, croyez-vous qu'elle n'ait vu, durant ses quatres années, que des ruines et des désastres ? Pour vous prouver le contraire, je vous renverrais bien à une curieuse brochure publiée l'an dernier, brochure dans laquelle la question est parfaitement élucidée [1], mais vous récuseriez le témoignage d'un écrivain républicain. J'aime mieux placer sous vos yeux un document dont l'auteur sans doute ne vous paraîtra pas suspect.

Ce document porte la date du 7 juin 1849 ; il constatait que :

« Depuis la fin de janvier, le produit des contribu» tions indirectes et des douanes n'avait pas cessé

---

1. *Les déficits*, par M. Allain-Targé.

» de s'accroître et s'était rapproché, en avril, des
» temps les plus prospères. Le trésor avait retrouvé
» le crédit dont il a besoin, et la ville de Paris avait
» pu contracter un emprunt dont le taux avoisine le
» pair, négociation qui rappelait l'époque où la con-
» fiance était le mieux affermie. Les demandes en au-
» torisation des sociétés anonymes se multipliaient,
» le nombre des brevets d'invention augmentait de
» jour en jour; le prix des offices, le taux de toutes
» les valeurs qui avaient subi une dépréciation si
» grande, se relevait graduellement; enfin, dans
» toutes les villes manufacturières, le travail avait
» recommencé, et les étrangers affluaient de nou-
» veau à Paris. »

Et un peu plus loin, après avoir signalé la reprise du mouvement commercial, il ajoutait:

« En résumé, la situation du commerce français,
» vivement compromise pendant une grande partie
» de l'année 1848, s'est un peu améliorée vers
» la fin de cet exercice et a pris une marche po-
» sitivement ascendante depuis le commencement
» de 1849. »

L'année suivante dans un document de même nature, à la date du 12 novembre 1850, nous lisons:

« Depuis le mois de juin 1849, une amélioration
» sensible s'est opérée.... Tout nous fait espérer que
» le déficit prévu pour le budget de 1850 sera sensi-
» blement atténué, et que l'équilibre annoncé pour
» 1851 sera réalisé: la marche ascendante des re-
» venus indirects se soutient; les neuf premiers mois
» de 1850, comparés aux mois correspondants de
» l'année dernière, donnent un avantage de plus de
» 28 millions. Les contributions indirectes, dont les

» tarifs n'ont pas été modifiés, et qui figurent pour
» plus de 16 millions dans cet accroissement, attes-
» tent la reprise des affaires et l'amélioration du sort
» des classes laborieuses. »

Enfin, le 4 novembre 1851, un mois avant le coup d'État, une nouvelle amélioration de la situation intérieure est encore constatée en ces termes :

« Les chiffres de nos exportations témoignent de
» l'activité imprimée au travail de nos fabriques, et
» les résultats obtenus depuis le dernier message
» démontrent à quel point l'industrie française, au
» milieu des circonstances difficiles et d'une concur-
» rence incessante, sait triompher des obstacles et
» agrandir ses débouchés. »

Qui parlait ainsi?

Le président de la République, dans ses divers messages; le même qui, trois semaines plus tard, trouvait occasion de sauver la France de l'anarchie et de la ruine, l'Empereur actuel.

Inclinez-vous, monsieur le constituant, et ne niez plus une prospérité constatée de si haut.

Mais tenez, vous dissertez au long sur les conditions d'ordre et de repos nécessaires à la prospérité des nations et cependant j'ai peur que vous n'ayez, à cet égard, que des idées assez fausses. Quelques agitations, symptôme rassurant de jeunesse et de vie, vous empêchent de découvrir dans la période du ré-gime parlementaire, le grand et puissant courant de la prospérité publique et, parce que, depuis 1851, vous n'avez aperçu *aucun tressaillement populaire*, vous vous exclamez, saisi d'admiration, vous vous répandez en bénédictions sans fin. Eh! monsieur, les morts non plus ne tressaillent pas.

Il est donc entendu que l'Empire a tout fait. Cependant vous reconnaissez que c'est grâce au principe nouveau du suffrage universel et vous écrivez : « Je ne veux pas enlever à la République le mérite de l'avoir inauguré! »

Toujours charmant, et surtout toujours modeste ; car vous auriez pu nous rappeler que, dans l'établissement du suffrage universel, vous aviez votre neuf centième de part de gloire, puisque l'assemblée dont vous étiez membre a ratifié la proclamation du Gouvernement provisoire. Il est vrai que, jusqu'au 2 décembre, le suffrage universel ne vous paraît pas *en possession de lui-même* et vous le représentez comme « étouffé par la loi du 31 mai et menacé par le dogme étrange de la souveraineté du but. »

Je vous donne acte, avec plaisir, monsieur le constituant, de votre répugnance pour la loi du 31 mai, présentée par le citoyen L. Napoléon Bonaparte, président de la République, défendue par M. Rouher et M. Baroche qui s'écriait un jour que « cette loi était son drapeau. » Je laisse à vos amis d'aujourd'hui le soin de vous expliquer cet étouffement du suffrage universel ; mais je ne résiste pas au plaisir de mettre, sous vos yeux, les lignes suivantes que j'emprunte à M. Henri Brisson (v. le *Temps* du 4 avril 1869).

« L'établissement de 1852.... a dérobé la magistrature suprême, celle dont l'exercice est le plus important et le plus périlleux pour la nation, à la juridiction des citoyens, et, en même temps, il a investi cette magistrature de prérogatives extraordinaires.

On voit donc qu'il n'était pas tout à fait exact de dire que le coup d'État « rétablissait » le suffrage universel dans son intégrité. En réalité, la loi du 31 mai 1850 ne restreignait que le nombre des électeurs ; mais elle laissait intact le droit de suffrage considéré en lui-même et dans son objet ; on pouvait d'ailleurs en espérer l'abrogation régulière, et, de fait, dans les derniers jours de la Législative, elle n'avait été maintenue que par une insignifiante majorité de cinq ou six voix : un très-prochain retour au droit intégral de la nation était donc inévitable. En 1852, au contraire, ce n'est plus le nombre et la qualité des personnes investies du droit de suffrage qui sont mis en question : c'est ce droit lui-même qui se diminue et se limite dans son objet, dans son étendue, dans la sphère de son action. »

Il y a, comme vous le voyez, monsieur, des étouffements, des étranglements de plus d'un genre.

Quant à la *souveraineté du but,* ne dites pas trop de mal de ce principe si vous ne voulez pas blesser certaines oreilles. J'ai ouï dire qu'une constitution avait été renversée, qu'un ordre de choses légitime et régulier avait été détruit par celui-là même qui avait reçu la mission de le faire respecter et de le défendre. Cela s'est appelé, dans la langue de l'église, « sortir de la légalité pour rentrer dans le droit. » Soit ; le droit était le but, mais la dispersion de l'Assemblée nationale, la fusillade du 4 décembre, l'exil de trente mille citoyens étaient les moyens ; et si, plus tard, une absolution a été requise, n'est-ce pas au nom de la nécessité, synonyme adouci de la souveraineté du but ?

Ne regardez donc pas, de si près, aux origines des

gouvernements antérieurs ; il serait trop facile de vous prouver qu'ils ne procèdent pas seuls, comme vous le prétendez, de la guerre civile et de l'émeute. Évitez aussi de vous appesantir sur les huit millions de suffrages ; nous sommes à la veille des élections et vous n'avez nul intérêt, croyez-moi, à chercher des rapprochements entre les aspirations des vivants et les suffrages des morts. Ces rapprochements facilités par la statistique de M. Rouher, se feront d'ailleurs bien sans vous, soyez-en sûr.

Ne travestissez pas non plus l'histoire contemporaine en parlant des *manœuvres conjurées du pouvoir et des partis*, pour empêcher, au 10 décembre, l'élection du prince qui ramenait « les aigles de l'exil, » et qui même, dit-on, les en ramenait tout vivants. Si les partis manœuvrèrent à cette époque, ce fut contre la République, en favorisant la candidature qui leur paraissait le mieux servir leurs projets de réaction ; quant à ceux qui tenaient le pouvoir, l'un des plus graves reproches qu'on puisse leur adresser, c'est précisément de n'avoir pas dévoilé et déjoué une conspiration déjà flagrante. C'est de n'avoir pas frappé les véritables coupables de l'insurrection de juin, c'est d'avoir laissé, à la porte Saint-Denis et sur la place Vendôme, des agitateurs suspects relever le drapeau d'un prétendant ; c'est de ne pas avoir arrêté, dès leurs premiers exploits, les futurs assommeurs de la place du Havre, les *cinq ou six mille coquins* qu'un représentant, l'honorable M. Jules de Lasteyrie, avait, quelque temps après, la gloire de baptiser pour jamais.

Voilà ce qu'il faut reprocher de n'avoir point fait aux hommes chargés, avant le 10 décembre, de veiller sur la République. Quant à des *manœuvres* contre le suffrage universel, vous n'en sauriez citer de leur part et vous feriez mieux de ne point prononcer ce mot, vous, défenseur des candidatures officielles, vous, partisan d'un régime qui supprime les électeurs des villes, à l'aide des découpures de circonscription.

Maintenant faut-il passer en revue la longue série des éloges que vous adressez au Gouvernement issu du 2 décembre, à ce Gouvernement que vous proclamez, assez étrangement « une création spontanée et vivante de la conscience et de la liberté du pays? »

L'Empire a vulgarisé la Rente? Je ne le conteste pas, car il en a beaucoup créé et jamais la clientèle des banquiers n'eût suffi à une pareille absorption. Mais que venez-vous comparer la vente des biens nationaux, en 89, avec ce perpétuel appel à la bourse des contribuables qui a été tout le système financier du second empire?

En 89, ou plutôt dans les années suivantes, l'État, possesseur d'un domaine important, le fractionnait et le vendait et, par là, il contribuait à augmenter la richesse publique; en effet, la plupart des biens ainsi vendus ne rendaient pas le quart de ce qu'ils pouvaient et devaient bientôt donner aux mains des nouveaux possesseurs. Il y avait avantage réciproque, et pour le Gouvernement qui réalisait une quasi non-valeur et pour les citoyens à la portée desquels était mis l'instrument du travail.

Est-ce donc la même chose aujourd'hui quand, pour la Crimée, pour l'Italie, pour la Chine, pour le Mexique ou pour le Luxembourg, le Gouvernement vient retirer, de la production industrielle, des centaines de millions, qui successivement se totalisent à trois milliards et demi, cela, sans avoir à donner au public autre chose, en échange, qu'une simple feuille de papier, une reconnaissance portant intérêt, un titre de rente qui vient grever l'avenir?

C'est pourtant là ce que vous appelez, monsieur le constituant, « *créer la petite propriété de la fortune mobilière.* » Mais si le moyen de créer cette propriété est si simple, il ne faut pas s'arrêter en si beau chemin. Le papier ne manque pas encore; allons vite, une émission de rentes et, comme disait ce bon maire de village : que le Gouvernement nous *accorde* encore un emprunt!

Tout cela n'est guère sérieux, et ce qui, peut-être, l'est moins encore, c'est cet *élan* que vous prétendez avoir été imprimé à l'instruction publique.

En ce moment même, monsieur le constituant, j'ai là, sous les yeux, des cartes desquelles il résulte que, depuis 1852, l'enseignement congréganiste a seul fait des progrès véritables; c'est à peine s'il reste encore un ou deux départements où il n'ait pas fait reculer l'enseignement laïque pour les filles. Et faut-il s'en étonner, quand le bulletin des lois jetait, il y a quelques jours, cet effrayant trait de lumière sur la situation des institutrices :

Jeanne Bory, institutrice publique, *trente-cinq ans de service*, à Billère (Basses-Pyrénées), pension de retraite liquidée à 38 francs.

Marie-Jeanne Delachavonnery—Héritier, institutrice publique à Queige (Savoie), *quarante-cinq ans de service*, pension de retraite liquidée à 67 francs.

Voilà comment le sort des institutrices a été amélioré! et, proportion gardée, celui des instituteurs n'est pas beaucoup mieux assuré. C'est ce qui prouve, monsieur le Constituant, qu'il ne suffit pas de quelques circulaires à fracas, de quelques excursions tapageuses dans les colléges pour imprimer un véritable *élan* à l'instruction. Il serait préférable d'adopter quelques-unes de ces réformes que ne cesse de réclamer l'opposition et qui se résument à ceci :

Diminution des dépenses improductives, augmentation du budget de l'instruction publique.

Mais telle n'est pas la marche que l'Empire a suivie, et vous, monsieur le constituant, vous qui dédaignez si fort les gouvernements antérieurs, vous auriez bien dû, avant de parler de l'élan imprimé, depuis l'Empire, à l'instruction publique, méditer un peu quelques chiffres que je vais ici vous soumettre.

En 1830, le budget de l'instruction publique était de deux millions. — A la chute du gouvernement de Juillet, il s'élevait à 18 millions ; voilà déjà un certain progrès. La République arrive et porte, en quatre ans, ce même budget à 22 millions. Et l'Empire, que va-t-il faire ? L'Empire, en 1860, huit ans après la République qui consacrait déjà 22 millions à l'instruction, l'Empire n'y consacrait plus que 20 millions ! Voilà *l'élan*[1] !

Depuis lors le budget des cultes a été réuni à celui de l'instruction publique et il en résulte que l'augmentation paraît plus considérable qu'elle ne l'est en réalité. En décomposant, on trouve que les dépenses afférentes à l'instruction publique, pour l'exercice 1868, ne s'élèvent pas à plus de 31 millions, soit

---

1. Voir, pour les développements, l'ouvrage de mon regretté confrère, M. Raoul Boudon. *La vérité sur la situation de l'Empire.* Paris, 1868. M. Raoul Boudon, l'un des premiers dans la presse, discuta sans ménagement ni réticences le système financier qui date de 1852.

9 millions de plus que sous la République qui, en quatre années, avait augmenté ce budget de 4 millions. L'Empire est donc fort loin d'avoir continué d'imprimer à l'instruction, l'*élan* que lui avaient donné les régimes précédents et, sous ce rapport, la monarchie de Juillet et la République de 1848 le laissent loin derrière elles.

L'Empire a imprimé un grand élan aux dépenses publiques, nul ne le prétend nier, mais ce n'est pas l'instruction qui en a profité. Et, en effet, tandis qu'en quatorze années (1853-66) le budget du ministère des finances s'est augmenté. . . . de 31 pour 100
    Celui de la guerre. . . . de 37 —
    Celui de la marine. . . . de 67 —
les dépenses de l'instruction publique n'ont augmenté, dans le même temps, que de 25 pour 100 environ! Et, en résumé, dans ces quatorze ans, si on a dépensé trois cent vingt-cinq millions pour l'instruction, pour la guerre, C'EST NEUF MILLIARDS trois cent dix millions qui ont été dévorés[1]!

Quel *élan*, monsieur le constituant!

Je me hâte et je vous laisse dire que la dernière loi militaire « consacre un grand principe d'égalité, que c'est le suffrage universel sous les drapeaux. » Vous savez bien, cependant, que cette loi admet le remplacement, dont l'opposition ne voulait |pas, et vous ne pouvez pas ignorer qu'il n'y a aucune égalité entre le riche qui donne deux mille ou deux mille cinq cents francs, et le pauvre à qui l'on prend

---

1. Voir l'intéressante publication faite par M. Henry Merlin sur |des documents communiqués par M. le marquis d'Andelarre. *Progression comparée des budgets de l'État sous le second Empire.*

son enfant pour neuf ans. Je passe encore sur cette incroyable assertion que Napoléon Ier, créateur d'un ordre de chevalerie, fondateur d'une noblesse nouvelle, travailla pour l'égalité. L'histoire a prononcé là-dessus et le temps des Lorriquet de l'impérialisme est fini.

Je vous arrête seulement quand, pour célébrer un acte récent, vous parlez du projet de loi qui a pour but de rapporter *l'humiliante et vexatoire législation sur les livrets*.

Vous oubliez monsieur, en parlant ainsi que c'est le régime actuel qui, en 1855, rendit, par une loi, cette législation du premier Empire plus *vexatoire* et plus *humiliante*, et je suis obligé de vous rappeler les paroles d'un autre apologiste du régime actuel avec lequel vous aurez à vous entendre.

Voici donc la circulaire que publiait, à l'occasion de la loi de 1855, M. le préfet de police Piétri, encore un ancien constituant :

Messieurs,

« Pour répondre *à des besoins vivement sentis* dans l'industrie, le gouvernement de l'Empereur a présenté et fait adopter par le pouvoir législatif une loi sur les livrets d'ouvriers.

« LE LIVRET QUE LES MAUVAISES PASSIONS ONT QUELQUEFOIS CHERCHÉ A DISCRÉDITER ET A DÉPOPULARISER, EST UNE INSTITUTION BIENFAITRICE POUR L'OUVRIER ; IL LUI ASSURE L'APPUI DE L'AUTORITÉ ET DEVIENT POUR LUI UN TITRE IRRÉCUSABLE A LA CONFIANCE ET A L'ESTIME. LOIN D'ÊTRE UNE ATTEINTE A SA LIBERTÉ ET A SA DIGNITÉ, IL A MARQUÉ L'AFFRANCHISSEMENT DU TRAVAIL ET DATE DE L'ÉMANCIPATION DE L'INDUSTRIE DONT IL A ÉTÉ LA CONSÉQUENCE ET COMME LA CONSTATATION.

« La loi du 22 germinal an II, qui a créé cette

institution, du moins dans sa forme et ses effets actuels, *est due au génie* du PREMIER CONSUL et à la collaboration de Chaptal ; cette loi est restée comme le véritable code du travail qu'elle a réglé avec une profonde entente des besoins et des conditions de l'industrie moderne.

« C'était à l'empereur Napoléon III qu'il appartenait de compléter l'œuvre du premier Consul. »

A l'avenir quand vous vous trouverez en présence d'une mesure législative *vexatoire*, soyez moins prompt à la qualifier : il y a gros à parier qu'elle n'a pas une origine fort ancienne.

Et maintenant, puisque vous donnez aux autres des conseils, permettez-moi à mon tour de vous en donner un tout à fait désintéressé : N'insistez pas, ainsi que vous le faites, sur le mérite qu'il peut y avoir à *opposer la solidarité des salaires à la solidarité oppressive des capitaux.* Cette opposition peut bien réjouir ceux qui ont pris une devise, dont vous semblez faire grand cas, *diviser pour régner ;* mais elle n'est, en aucune façon, une solution acceptable des problèmes sociaux qui s'agitent. Ce n'est pas la lutte qu'il faut se proposer d'organiser, c'est l'accord. Mais l'accord ne peut se faire que sur le terrain de la liberté complète et absolue et c'est assez dire que vos amis n'y peuvent rien.

Vous parlez beaucoup du droit de réunion, de ses excès et de votre libéralisme. Avouez au moins que ces excès ne vous ont pas été inutiles ; vos amis, avec une exactitude plus ou moins scrupuleuse, ont réuni en volume les discours les plus violents et ils espèrent en tirer bon parti aux élections. Quant au libéralisme gouvernemental, il a duré juste le temps de composer le volume et, depuis, vous savez comment vont les choses.

Votre brochure, monsieur le constituant, n'aurait pas le cachet officieux si la tirade obligée contre le régime parlementaire ne s'y trouvait tout au long. C'est là que M. Rouher, dans sa réponse à M. Thiers, vous a fait de larges emprunts. Cependant il n'a point osé répéter, après vous, une drôlerie qui a bien son charme et qu'il faut au moins mentionner. Le fond du régime parlementaire, d'après vous, ce n'est ni la démocratie ni la monarchie, c'est L'ESPRIT FÉODAL ! Cet esprit animait les censitaires du pays légal et c'est lui qui anime aujourd'hui ceux qui réclament le gouvernement des assemblées. Hélas! que de féodaux, sans le savoir, y compris les Girondins *avec lesquels*, dites-vous, *l'esprit féodal se redressa en face de la Montagne.*

Ah! ah! monsieur le constituant, vous eussiez donc été un Montagnard? Au fait, pourquoi pas? quand on a une vraie vocation, cela n'empêche jamais de devenir sénateur.

Laissons, si vous le voulez bien, votre théorie sur la responsabilité collective que vous déclarez avec raison une chimère et sur la responsabilité individuelle, qui peut bien être une réalité, mais qui parfois aussi est une chimère. Je retiens seulement votre définition du gouvernement parlementaire :

Corruption à la base, irresponsabilité au sommet.

Vous avez cru faire là une caricature rétrospective; peut-être, monsieur, n'avez-vous fait qu'une photographie.

Glissons encore, si vous le voulez bien, sur « ces formes fécondes de la liberté politique que nous a données l'Empire. » Vous reconnaissez vous-même que

votre proposition a un tour paradoxal; je n'en dis
rien de plus et je vous demande aussi la permission
de ne pas trop m'apitoyer sur l'*épuisement* de la cas-
sette impériale, épuisement signalé par vous.

Il faut s'étendre davantage sur les considérations
par lesquelles vous essayez d'atténuer l'effet des
budgets grossissants et du renchérissement de la vie.
Vous n'inventez rien; vous soutenez hardiment la
thèse cent fois rebattue de l'augmentation prétendue
de la richesse publique. Vous nous parlez de l'augmentation de la production agricole, du commerce
extérieur, du développement de l'industrie des ma-
chines, de l'achèvement des lignes de fer, vous invo-
quez en passant l'Exposition de 1867 et vous vous
écriez : Voilà à quels signes on reconnaît la prospérité de la France !

Ne triomphez point si vite et voyons un peu le
fond des choses. Le gouvernement actuel est venu,
en 1852, juste au moment où le temps des essais,
des tâtonnements en fait de construction de chemin
de fer était à peu près passé. L'Angleterre, la Bel-
gique, étaient en grande avance sur nous; il était
urgent de pousser vigoureusement la construction
des lignes principales, et le gouvernement actuel l'a
fait, comme aurait dû le faire, à sa place, tout autre
gouvernement. Il n'y a pas plus lieu de lui en faire
un mérite qu'il n'y a lieu de féliciter Louis-Philippe
d'avoir, sous son règne, fait substituer le gaz aux
réverbères, dans l'éclairage des rues. De notre temps,
quand une découverte est suffisamment mûrie pour
la pratique, l'appliquer, la mettre à profit, constitue
pour le gouvernement un devoir aussi naturel, aussi
normal que celui d'assurer la police des rues et l'en-
tretien des voies fluviales. Mais si le gouvernement

de 1852 n'eut d'autre mérite, sous ce rapport, que d'être le contemporain d'une transformation profonde dans les moyens de communication, il eut l'adresse ou la bonne fortune de recueillir, en grande partie, l'honneur des résultats que cette transformation ne pouvait pas manquer d'opérer, à quelque époque et sous quelque régime politique qu'elle s'accomplît.

N'était-ce donc pas un fait antérieurement connu et signalé par tous les économistes, qu'une rapidité plus grande dans les transports, un débouché nouveau offert aux produits étaient d'infaillibles moyens de créer la richesse? Quelqu'un a-t-il pu s'étonner lorsque Lyon, Marseille, Bordeaux et tant d'autres villes ont été mises en communication non-seulement avec Paris et entre elles, mais avec tous les points du parcours, quelqu'un a-t-il pu s'étonner du développement des affaires et de l'impulsion donnée à la production?

Faut-il s'émerveiller avec vous, monsieur le constituant, de ce que le transport des voyageurs soit quatre fois plus considérable, celui des marchandises sept fois plus? Non. Il faut s'étonner plutôt que cette augmentation ne soit pas encore autrement importante.

Mais c'est ici que l'influence du gouvernement a pu se faire sentir, et non pas toujours en bien. Oui, on a achevé les lignes principales et un grand mouvement en est résulté; tout le monde en eût fait autant. Mais êtes-vous bien sûr, monsieur le constituant, que tout le monde aurait, dans les concessions accordées aux Compagnies, fait aussi bon marché de l'intérêt du public? Êtes-vous bien sûr que sous tous les gouvernements la fusion du Grand Central se serait faite

comme vous savez ? Êtes-vous bien sûr que les tarifs
ne pourraient pas être beaucoup plus modérés, surtout si l'impôt ne venait pas, d'une façon très-sen-
sible, grever les frais des Compagnies ? C'est là-
dessus que l'action gouvernementale a pu s'exercer,
et nous avons des raisons de croire qu'elle a été
rarement heureuse.

Mais s'il était naturel d'attendre des chemins de
fer un grand développement commercial, il ne l'était
pas moins d'espérer une réduction dans les dépenses
de la vie. Le bon marché croissant des produits était,
depuis 1815, constaté avec ensemble et satisfaction
par tous les hommes compétents. Le bon marché
de la vie, c'était là le grand *desideratum*. Or, dans
une certaine mesure, ce *desideratum* était atteint,
puisque, de 1830 à 1847, le prix moyen des produits alimentaires (viande, œufs, volaille, beurre,
vin) avait diminué de plus de 12 pour 100 et que
le prix moyen des produits manufacturés avait, dans
la même période, diminué de 25 pour 100.

Maintenant voulez-vous savoir quel changement
s'est opéré depuis l'Empire ?

Les chiffres seraient presque inutiles, car chacun
voit trop bien la marche des choses ; cependant nous
les indiquons ici, en les empruntant à l'ouvrage déjà
cité de M. Raoul Boudon.

De 1847 à 1860, le prix moyen des produits na-
turels (importés et exportés) avait augmenté de
60 pour 100 et celui des produits manufacturés de
70 pour 100 environ ! Depuis lors, rien n'indique
que cette *prospérité croissante* éprouve un temps
d'arrêt.

Rassurez-vous, monsieur le constituant, nous
irons loin.

Qu'est-ce donc qui a pu enrayer les progrès de la vie à bon marché, paralyser les effets qu'on s'était promis, avec raison, de la facilité des transports ? Qu'est-ce donc qui a détruit la richesse, plus vite encore qu'elle n'était créée par la rénovation industrielle et l'activité nationale ? Car, à la cherté universelle, il n'y a pas d'autre explication raisonnable que l'insuffisance des produits en face des besoins, ou le gaspillage de ces produits.

Eh bien ! c'est cette dernière explication qui est la vraie. Il y a en tout temps, en tout pays, un gros mangeur qui est l'État. Plus il a d'appétit, plus il détruit de richesses, car il consomme et ne reproduit pas.

C'est précisément ce qui est arrivé depuis 1852 : l'État a eu annuellement pour 750 millions d'appétit de plus que sous les gouvernements antérieurs !

Or on l'oublie trop souvent : Quand l'État emprunte cent millions, il les a déjà dépensés, consommés, détruits en produits équivalents. Il a envoyé des chevaux au Mexique où ils sont morts ; il a brûlé de la poudre en Crimée, acheté des vivres en Cochinchine, perdu des vaisseaux dans la mer Noire. Tout cela est détruit, anéanti, c'est une richesse de moins à l'actif social ; c'est pour payer ou remplacer cela que l'État emprunte.

L'emprunt n'est pas la dépense, il n'en est que le signe indicateur, l'opération nécessaire pour solder les consommations de l'État. Après cela, sans doute, l'argent de l'emprunt rentre sous mille formes dans les mains du public. Oui ! mais après qu'il a servi à parfaire un marché d'où résulte toujours forcément une destruction de richesses. Avec cent millions l'État achète des pierres ; les cent millions rentrent dans la circulation, mais avec les pierres, représentant aussi une richesse de cent millions, il fait des fortifications et des palais qui ne serviront jamais et voilà cent millions perdus, détruits, consommés comme s'ils étaient à l'eau ; voilà le pays appauvri de cent millions.

Est-ce que j'exagère ? est-ce que je dénature ainsi l'emploi des sommes énormes dépensées depuis vingt ans ? Alors, prenez la parole, monsieur le constituant :

« Quant à la part de la dette nationale, afférente
» au second Empire, elle correspond à des dépenses
» qui ont eu pour cause :
　» L'approvisionnement de nos arsenaux.
　» La transformation de la flotte.
　» Les réparations de nos places fortes.
　» L'accroissement du matériel du ministère de la
» guerre.
　» Le renouvellement de nos armes.
　» Enfin les grandes campagnes des premières
» années de ce règne. »

C'est vous qui le dites! vous qui faites l'énumération de ces grandes inutilités. Et c'est là ce que vous admirez! Ah! comme cela enrichira nos neveux!

Je sais bien que vous indiquez aussi, d'une manière vague, les grands travaux publics parmi les causes de l'augmentation des budgets. C'est une erreur. Les travaux publics productifs, qui d'ailleurs n'ont pas été mieux dotés sous le gouvernement actuel que sous les précédents, les travaux publics ne sont pour RIEN dans l'augmentation annuelle des dépenses. Du moins ils n'y figurent que pour le service des emprunts contractés pour cet objet.

Après m'être étendu sur ce point, toujours obscurci à dessein, il est sans doute inutile d'insister sur les mérites des conceptions financières, auxquelles, en 1852, nous avons dû la création des sociétés de crédit de toute nature. Vous reconnaissez vous-même, monsieur le constituant, que ces établissements ont été détournés de leur but et vous n'hésitez pas à reprocher au gouvernement « d'avoir trop facilement partagé l'engouement des hommes d'affaires et de n'avoir pas exercé sur leurs opérations une surveillance assez sévère. »

Vous négligez seulement d'ajouter que cet oubli a coûté quelques milliards au public. Mais n'insistons pas sur cette triste page et laissons là les crédits mobiliers et autres docks Napoléon !

Vous êtes conduit ensuite, monsieur, à parler de la place que la France s'est faite dans le monde, sous le second Empire. Ah ! soyez tranquille, je n'abuserai pas ici de mes avantages, je n'aime pas à trop triompher sur ce sujet. Je vous passe, sans mot dire, et le Mexique, et le reste, ce que vous appelez en langage euphémique, *les ombres du tableau.* — Hélas ! est-ce donc Sadowa qui en est la lumière ? — Mais si vous voulez qu'on vous ménage, ne tirez point de vains feux d'artifice qui n'éblouissent plus personne. Ne venez pas nous dire, par exemple, que vous avez soudainement *abattu* la Russie. Abattu ? mais vous avez donc déjà oublié sur quel ton, par l'organe du prince Gortschakoff, elle vous a répondu en 1863 ?

Et l'arbitrage de 1866 dont vous parlez encore quoique timidement ! et les illuminations en l'hon-

neur de la grandeur prussienne! et vos décep-
tions.... mais je m'arrête, et il serait cruel d'insister.

Je vais, tout à l'heure, arriver à votre conclusion,
manifeste furibond et maladroit contre les « an-
ciens partis, » qui m'ont tout l'air d'être simplement
un grand parti, celui de l'avenir et de la liberté.
Mais avant je veux vous signaler une lacune dans
votre longue apologie. Comment, voilà soixante
pages à la glorification du règne; vous avez tout
admiré, le Mexique même vous a paru « une haute
pensée, » et vous n'avez pas trouvé un mot pour signaler l'œuvre de ce pauvre M. Haussmann? Est-ce
un signe des temps? avez-vous fait cette large part
au feu de l'opposition? Quoi! M. Haussmann, le
tout-puissant préfet, M. Haussmann qui doit im-
mortaliser l'Empire, M. Haussmann n'est pas nom-
mé, son œuvre n'est pas même mentionnée, et
vous avez, malgré cette immense omission, la pré-
tention d'avoir mis l'Empire sur un piédestal!

Flatteur !

Mais que va penser de vous le préfet, mis au
rebut comme un accessoire gênant? Ah! le spirituel
et incisif auteur des *Comptes Fantastiques*, l'écrivain qui a porté les premiers coups au système de
la démolition *à pioche que veux-tu*, M. J. Ferry, a
sans doute fait passer de mauvaises nuits au dicta-
teur de l'hôtel de ville ; mais votre glorification de
l'Empire, de l'Empire SANS LUI, lui sera plus cruelle
encore!

Heureusement M. E. de Girardin est là pour le
consoler; M. de Girardin qui, bien différent de
vous, pense que, M. Hausmann écarté, il ne res-

tera, du second Empire, que la grandeur de la Prusse !

Voyons maintenant, monsieur le constituant, vos terribles griefs contre l'opposition. A vos yeux, elle a surtout un tort énorme, impardonnable ; elle se lasse d'être battue, et, pour vaincre, elle cherche à faire cesser ses divisions. Là-dessus vous n'y tenez plus, et vous vous écriez :

« Après les coalitions de l'étranger qui amènent l'invasion du territoire, je ne connais rien de plus odieux, de plus funeste que les coalitions intérieures des partis qui minent la puissance publique et aboutissent aux plus désastreuses catastrophes. »

Et plus loin :

« Tous les sophismes du monde ne feront pas accepter comme légitime par la conscience publique cette scandaleuse alliance d'hommes ennemis de la veille, et qui demain s'entre-déchireraient sur les ruines du gouvernement dont ils conspirent la perte.

« Comprend-on que celui qui était debout sur les barricades de la révolution de Juillet soit appuyé auprès des électeurs par les champions de l'ancienne monarchie ? »

Je vais essayer de vous faire comprendre, monsieur le constituant. Pour cela, je pourrais vous citer une page de Macaulay, qui vaut bien celle que vous lui avez empruntée. Dans ce passage, le grand historien félicite ses compatriotes de s'être débarrassés, AU MOYEN D'UNE COALITION, du gouvernement militaire qui menaçait de survivre à Cromwell. Les cavaliers et les têtes rondes se donnèrent la main, et, au dire de Macaulay, ils firent bien ; mais vous comprendrez bien mieux encore une leçon venue de plus haut et que je signale à toute votre attention :

L'UNION FAIT LA FORCE.

ENSEIGNEMENT HISTORIQUE.

En 1685, le trône d'Angleterre était occupé par un roi qui se nommait Jacques II.... Persuadé que les prérogatives de la couronne valaient plus aux yeux de Dieu que les droits des peuples ; que les libertés et la cause pour lesquelles la nation anglaise s'était battue depuis quarante ans n'étaient chères qu'à un petit nombre de factieux qui corrompaient l'esprit public ; que les institutions, fruits de la Révolution, menaçaient son autorité, il prit la résolution de rétablir par la ruse ou par la force dans toute leur intégrité, les vieux abus, les vieilles coutumes et l'ancien dogme.

Pour réussir dans ce perfide projet, il comptait sur l'appui d'une puissance étrangère, sur la DIVISION DES PARTIS POLITIQUES, sur l'armée et sur les ressources de son esprit dissimulé.

A cette époque, il y avait dans la nation une apathie générale : les changements politiques qui avaient eu lieu dans le court espace de cinquante ans, avaient usé les caractères, affaibli les croyances et presque détruit l'opinion publique. Les partis, tout en ayant perdu leur première violence, conservaient entre eux leurs anciennes rancunes, et, par leurs divisions, livraient le pays à une secte sans honneur et sans patriotisme. .... Cependant la politique de Jacques II lui créait tous les jours de plus nombreux ennemis. A l'intérieur ce n'était qu'arbitraire et corruption; à l'extérieur ce n'était que faiblesse et lâcheté.... Quoique le gouvernement du roi fût en paix avec toutes les puissances, la Grande-Bretagne retentissait de bruit de tambours et de fanfares de guerre; mais cette armée, qui, sous la République et le Protectorat, avait fait respecter le nom anglais sur tout le continent, ne devait servir aujourd'hui qu'au maintien de la politique la plus honteuse qui eût affligé le pays.

En effet, il faut régner ou par la force morale ou par la force brutale. Jacques II choisit ce dernier parti, et il crut qu'avec un parlement complaisant, avec un corps de juges dévoués à la tête desquels étaient Herbert et Jeffreys, avec une armée permanente, il pouvait être maître de l'âme et des corps de ses sujets, c'est-à-dire des lois et des consciences. .... Cependant, malgré l'impopularité toujours croissante du gouvernement du roi, l'esprit national avait tellement dégénéré, qu'il est permis de croire à la réussite de ses projets si une transformation heureuse ne se fût opérée dans les partis qui divisaient alors l'Angleterre.

TANT QUE LES ANGLICANS, LES NON-CONFORMISTES, LES DISSIDENTS, LES WHIGS ET LES TORYS SE FIRENT UNE GUERRE FRATRICIDE, LE POUVOIR SE FORTIFIA DE LEUR DIVISION, ET L'OPINION PUBLIQUE, SANS DIRECTION, FLOTTA INCERTAINE, COMME UN NAVIRE SANS BOUSSOLE ET SANS TIMONNIER. Quoi, en effet, de plus déplorable que de voir des partis s'acharner à une lutte de mots sur des théories mystiques, lorsque au fond ils étaient d'accord sur les grands principes fondamentaux dont l'adoption générale devait assurer l'avenir de la patrie! TOUS LES PARTIS DEVAIENT S'ENTENDRE SUR UN POINT; CAR TOUS, EXCEPTÉ CELUI QUI ÉTAIT AU POUVOIR, VOULAIENT LA LIBERTÉ ET LA GLOIRE DE L'ANGLETERRE, ET TOUS ENCORE RECONNAISSAIENT

DANS LA VOLONTÉ DU PEUPLE ANGLAIS LE JUGE SUPRÊME; DANS LA LIBRE ÉLECTION, LE MOYEN QUI DEVAIT METTRE D'ACCORD LES ENFANTS D'UNE MÊME GRANDE FAMILLE.

Malheureusement, les partis comme les individus s'accordaient plus par une antipathie commune que par une sympathie réciproque; et quoiqu'ils eussent tous au fond du cœur le même amour, ce fut la haine contre un pouvoir antinational qui les rangea sous le même drapeau. Dès lors, la cause de Jacques II fut irrévocablement perdue, et celle du peuple anglais irrévocablement gagnée.

Le roi avait beau se vanter d'être entouré d'hommes qui avaient servi tour à tour : la République, Cromwell et Charles II; ces hommes ne représentaient aucun parti, car les transfuges n'emportent jamais leur drapeau. Il n'y eut plus en Angleterre que deux partis : l'un composé des hommes du pouvoir, hommes sans principes, sans conscience, sans nationalité; l'autre, composé de tout ce que le pays renfermait d'hommes dévoués au triomphe de la liberté, de l'indépendance et de la grandeur du pays. Le protestantisme était alors, en Angleterre, le symbole de tous les grands intérêts, et pour en assurer le triomphe, PURITAINS OU ANGLICANS, RÉPUBLICAINS OU MONARCHISTES, TOUS S'UNIRENT contre l'ennemi commun. De cette union sortit, radieuse et pleine d'avenir, la célèbre révolution de 1688. Il avait fallu bien des larmes, bien du sang et surtout bien des années, pour arriver à cet immense résultat, car depuis la Restauration vingt-huit années se sont écoulées !

(Napoléon III, t. 1er, p. 439.)

Que dites-vous de cette citation, monsieur le constituant?

Elle a déjà été faite; vous auriez dû la connaître,

et ne pas vous prononcer sur les coalitions d'une manière aussi catégorique. Tout le monde, vous le voyez, ne les a pas condamnées comme « immorales et impolitiques. »

J'en aurais presque fini avec vous et je me bornerais à enregistrer vos aveux sur la façon dont sont souvent choisis les candidats officiels « imposés aux circonscriptions ; » je n'aurais qu'à répéter après vous, en forme de conclusion, qu'*un électeur indépendant ne doit adopter le candidat officiel que lorsque sa conscience l'admet;* mais j'aperçois une énormité qui s'est glissée dans l'un de vos derniers paragraphes. Vous dites, un peu étourdiment sans doute :

Il implique contradiction que le suffrage universel, d'où le pouvoir exécutif et le pouvoir législatif sortent également, entende créer au sommet de la société un antagonisme d'opinions et de volontés. Le pays qui nomme Napoléon III ne veut pas apparemment le mettre en présence d'une Chambre hostile.

Il est douteux que vous ayez mesuré toute la portée de ces paroles. Elles ne tendent à rien moins qu'à faire de la Constitution ou un leurre ou une œuvre puérile.

Ce serait en effet la plus grande des puérilités de supposer que le corps électoral n'enverra jamais une chambre où l'opposition dominera, et ce serait un leurre d'avoir institué un Corps législatif s'il n'avait que le droit d'admirer et d'applaudir.

L'une et l'autre hypothèse doivent être pour vous également inadmissibles.

Ce qui implique contradiction, monsieur le

constituant, et je suis étonné d'avoir à vous l'apprendre, à vous qui avez voté le principe du suffrage universel, ce qui implique contradiction, c'est de dire à la nation qu'elle est libre, c'est de proclamer la souveraineté du peuple et, en même temps, de vouloir à l'avance et pour jamais déterminer les manifestations de cette souveraineté, en fixer le sens, en préciser la portée et lui poser des bornes infranchissables.

Voilà ce qui implique contradiction et ce qui aboutit, en définitive, à une négation audacieuse de la souveraineté nationale. Il y aurait, de votre part, plus que de la maladresse à soutenir une pareille thèse.

Et j'irai plus loin : est-ce que vous croyez que s'ils le voulaient, les électeurs n'auraient pas le droit de se contredire? Est-ce que vous refuserez à une nation soi-disant souveraine, le droit reconnu au plus mince individu, de dire blanc après avoir dit noir, de défaire après avoir fait, de revenir sur ses pas après s'être trompé de route? Non assurément et la négation de ce droit évident, fût-elle dans votre pensée, vous n'oseriez pas la formuler, encore moins l'écrire; vous n'oseriez pas dire à la nation : voilà la chaîne rivée autour de vous!

Ne vous occupez donc pas de poser des limites au droit des électeurs; ne cherchez pas, monsieur le directeur de conscience, à les détourner par je ne sais quelle casuistique électorale, de leur premier, de leur unique devoir :

Voter avec indépendance, sans préoccupation vaine du passé, sans crainte puérile de l'avenir : en citoyens!

Imprimerie générale de Ch. Lahure, rue de Fleurus, 9, à Paris.